RÉPONSE

A

LA LETTRE DE M. FRANCONIE

DÉPUTÉ DE LA GUYANE

CAYENNE

IMPRIMERIE A. THERMES ET Cie

—

JUILLET 1884

A M. GUSTAVE FRANCONIE

DÉPUTÉ DE LA GUYANE

RÉPONSE

A

LA LETTRE DE M. FRANCONIE

DÉPUTÉ DE LA GUYANE

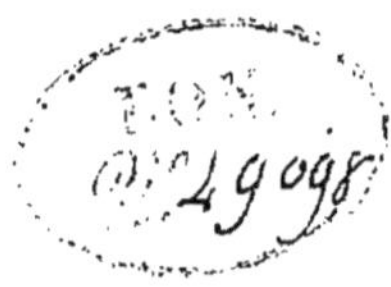

CAYENNE

IMPRIMERIE A. THERMES ET Cie

JUILLET 1884

A M. GUSTAVE FRANCONIE

DÉPUTÉ DE LA GUYANE FRANÇAISE.

I.

La discussion avec vous, Monsieur, n'est pas absolument impossible : vous êtes poli.... quelquefois.

Je vous demanderai seulement la permission d'être bref, et de ne pas vous répondre en 55 pages de brochure.

Votre « Lettre » — ainsi que vous appelez votre trivial pamphlet, — m'est parvenue par le dernier courrier français. — La poste me l'a fait porter à domicile le mercredi 16 juillet 1884, à une heure précise du soir ; le temps matériel manquait pour vous en accuser réception, et — j'avais hier d'autres occupations.

Néanmoins, puisque vous me faites l'honneur de m'écrire et de « porter contre moi des accusations » directes, en vous campant en travers du chemin, la plume haute, dans une attitude belliqueuse ; puisque vous me cherchez querelle, politiquement, il me serait bien difficile de vous éviter, et, comme vous le dites, avec vos airs de mousquetaire *pas content,* de ne pas être « encore votre homme, quand vous voudrez. »

Vous prendriez peut-être mon silence pour du dédain, et je serais désolé de vous contredire.

Votre « Lettre », Monsieur, fait double emploi. Les... plaintes que vous rendez, d'abord en minaudant, puis en menaçant, etc... tout cela m'avait été dit déjà à Cayenne, en avril dernier, par un honorable gentleman.

Mon interlocuteur s'attendait peut-être à ce que je prisse de l'humeur de sa... franchise? S'il l'a cru, il s'est abusé. J'estime, en effet, Monsieur, que tout homme qui, publiquement, en écrivant ou en parlant, émet des idées ou des opinions sur quelque sujet que ce soit, doit, à l'avance, se préparer à subir toutes les critiques, — quand celles-ci, toutefois, n'attentent pas à l'honorabilité de l'intéressé.

Est-ce votre avis, Monsieur ?

J'ai remarqué, Monsieur, en parcourant votre « Lettre » qu'à propos d'une question d'intérêt général, vous aviez parlé beaucoup de vous et de tout ce qui concerne, soit vos espérances, soit vos craintes, — vos craintes surtout.

Vous cherchiez ainsi, — comme vous l'énoncez à la page 20 de votre missive, écrite sans doute dans le *nouveau* style parlementaire — d'abord, à « profiter de l'occasion pour vous faire un peu de réclame personnelle, » à l'instar de Jules Jaluzot, et, ensuite, à m'inciter à parler de moi.

Vous voulez bien, à l'avance, m'avertir « de bien « prendre garde à ma réponse ; car *quelle qu'elle doive* « *être*, écrivez-vous, je crois bien que je vais pouvoir « *immédiatement* en tirer les conséquences *les plus* « *terribles* contre vous. »

Expliquez-vous : quel sort mystérieusement tragique me réservez-vous ? J'ai quatre enfants en bas âge, Monsieur, et qui ont encore besoin de leur père.

Calmez-vous, je vous prie.

Vous montez en chaire pour prêcher — quinze mois avant l'époque où s'ouvriront les urnes ! — « les électeurs législatifs de 1885, en Guyane française. »

Pourquoi tant de hâte ? Le bien public ne vous sollicite qu'à la condition qu'il s'abîme dans le vôtre et que le nombre des suffrages vous assure, pour quatre autres années, le siège que vous occupez, si fructueusement pour la Guyane, à la Chambre des députés.

Je m'en doutais.

Mais, ne craignez-vous pas que l'effet de votre long sermon ne perde beaucoup — d'ici au mois de septembre 1885 — de sa force et de sa beauté ?

Oh ! comme vous êtes *actif*, quand vous pensez que quelqu'un convoite votre *mandat !* Et combien vous êtes moins *éveillé*, lorsqu'il s'agit de soutenir et de défendre les droits et les intérêts des habitants de la Guyane — droits et intérêts desquels vous vous souciez comme un homme pratique d'un titre purement honorifique.

J'abuse certainement, Monsieur, de votre patience, mais je vous demande encore la permission de laisser complétement de côté et les éloges ironiques que vous me prodiguez, et ce qui a trait à ce moi si haïssable, ainsi que vous le reconnaissez — et le prouvez, de reste.

Je viens ici répondre succinctement à vos insinuations inexactes, et surtout, Monsieur, diminuer, si je le puis, cette angoisse qui vous a saisi, et que vous avouez ingénument, en mettant, selon votre coutume, « les pieds dans le plat. » L'expression est de vous.

Vous ne voulez pas me faire l'honneur, Monsieur, de me compter au nombre de vos amis ? J'aurais mauvaise grâce à tenter de forcer vos sentiments, dans ce sens. Aussi, je n'insiste pas.

Mais peut-être errez-vous, en me rangeant *de suite* « parmi vos adversaires *politiques* certainement les moins contestables et les plus naturels. »

Pourquoi donc ?

Les présomptions ne suffisent pas à établir un fait,

vous ne sauriez l'ignorer, Monsieur, bien que vous ne soyez « ni juriste, ni médecin, ni mathématicien. »

Les souvenirs communs que vous avez évoqués au début de votre *Veuillotade* — pardonnez-moi le mot — me permettront de vous fixer, au moins sur ce point, dans le débat tout *personnel* auquel vous me conviez, j'allais dire auquel vous me provoquez.

Mon père, Jean-Jacques Chatellier, — qui eût l'honneur d'être *presque* jusqu'à l'époque de sa mort survenue en novembre 1870, l'avocat de votre honorable famille — était l'ami, je crois, de votre éminent père. C'est ainsi que vous avez été informé « de l'éducation soignée que, à votre connaissance encore, j'avais autrefois reçue. » Vous le dites, Monsieur, et, suivant votre juste méthode, je ne puis ni ne dois avoir d'opinion à cet égard.

Mon père appartenait, par son âge, par ses relations et par ses tendances à cette génération de 1830, qui fut, vous le savez, très brillante ; il était « libéral » et non peut-être « républicain » comme vous et moi le sommes, Monsieur, sous une *nuance* parfaitement semblable, permettez-moi de vous le rappeler, si vous l'avez oublié !

Or, de ce que mon père n'était que « libéral » pouvez-vous en « inférer » que je suis forcément son « coréligionnaire » politique ?

Votre bonne foi ordinaire et même extraordinaire, s'y oppose. Vous et moi, Monsieur — vous le premier — nous sommes parvenus à un âge où l'on pense, parle, écrit et agit par soi-même.

En conséquence, si mon regretté père vivait, et s'il ne se tenait pas — autant par goût que par modestie — en dehors de l'arène politique, je n'hésiterais pas — sans manquer au respect et à la reconnaissance que je lui dois — à lui dire de nouveau et très-franchement que je ne partage pas ses opinions personnelles, et à soutenir, sans l'offenser, un programme politique contraire au sien.

Je raisonne ici dans l'hypothèse où j'aurais une action politique quelconque à exercer — ce qui n'est pas.

D'autre part, et pour répondre au spirituel calembourg auquel vous vous livrez à la page 14 de votre « lettre, » en signalant « à l'admiration de nos contemporains mon talent à rendre BLANCS, *pour les perdre,* les gens qui sont NOIRS, » laissez-moi simplement remarquer que, *comme les vôtres,* Monsieur, mes enfants sont des mulâtres — c'est-à-dire des nègres.

II

J'en ai fini, Monsieur, avec la première partie de l'acte d'accusation que vous dressez contre moi. Passons à la deuxième : elle concerne les assertions.... inexactes qu'engendre votre plume inquiète.

Et, d'abord, vous feignez de n'avoir point saisi la portée et l'opportunité du qualificatif « platonique » placé entre guillemets et non pas souligné, qui suit le mot *protestation,* dans le sous-titre de *Pour la Guyane!*

Est-ce bien vrai ?

Mais, Monsieur, vous vous moquez ainsi vous-même de *vous-même.*

Relisez-vous.

« Nous ferons plus ainsi — proclamez-vous le 18
« janvier 1884, dans le Journal *la Ville de Paris —*
« pour la Guyane, qu'en produisant de PLATONIQUES
« *exigences* qui, non-seulement n'ont aucune chance
« d'être *accueillies,* mais encore tourneraient, si elles
« pouvaient l'être, beaucoup plus à la *ruine* de ceux
« qui les *manifestent,* qu'à leur *regénération* (!?!) »

Je vous « en tirais du meilleur » ...... Gustave Franconie, pourtant, Monsieur.

Feignant encore de ne vous en être point aperçu, vous *en avez* aussitôt *tiré*, vous, des conséquences fantaisistes telles que celles-ci :

Je « n'admettais ni l'efficacité probable, ni, par « conséquent, l'utilité de ma brochure. »

Vous répétez mot à mot, de Paris, le 8 juin 1884, ce que m'a dit à Cayenne, en avril 1884, le gentleman en question. — Cette coïncidence avait frappé mon attention . . . : Mais le hasard est si grand !

J'avais si peu foi en l'efficacité de ma brochure que, sans m'illusionner sur ma « seule parole, même sou- « tenue de celle de Boitard et de Faustin Hélie, » je vous confierai, Monsieur, que j'ai adressé cette pro- testation au grand criminaliste, sur le nom duquel vous faites une plaisanterie de bachelier d'un goût douteux, et que cet illustre vieillard a bien voulu me conseiller de « faire tirer à un très-grand nombre d'exemplaires » cette brochure, en promettant à notre pays « d'ap- puyer » celle-ci « de toutes ses forces. »

Vous êtes à Paris, Monsieur : peut-être avez-vous déjà constaté, par la lecture des journaux de la capitale et celle des comptes-rendus des discussions du Sénat, que la rélégation des récidivistes à la Guyane n'est point encore chose faite — malgré le *patriotique* amendement que vous avez présenté, au nom de cette colonie, à la Chambre des députés, et qui est ainsi conçu :

« La rélégation *devra être effectuée* dans TOUTES les « colonies actuellement *représentées* à la Chambre des « députés, plus la Nouvelle-Calédonie, proportionnel- « ment au chiffre de *chacune* d'elles. »

Merci, Monsieur.

Ce qui ne vous empêche pas d'affirmer, aujourd'hui, que jamais vous ne vous êtes *rallié* à la théorie de MM. Waldeck-Rousseau *et cœteri ;* qu'au contraire, vous

aviez « *naguère protesté, à votre façon, contre l'envoi de
ces criminels dans votre pays.* »

Et vous me demandez, ensuite, de vous « indiquer
« le moyen de faire qu'une *colonie* comme la France
« ne se courbe pas sous les volontés d'une *nation*
« comme la Guyane. »

Est-ce bien au Représentant de la Guyane qu'il ap-
partient de faire de l'ironie contre son pays ? Ce sont
là, probablement, les théories *coloniales* que vous
développez, m'a-t-on dit ou écrit, dans les réunions
publiques parisiennes où l'on s'occupe de tout —
excepté de la Guyane ?

En tout cas, je vous répondrai par votre propre
bouche : « Il fallait puiser dans votre conscience le
« sentiment de la justice sociale, basée sur l'égalité
« de tous les hommes entre eux, pour en faire la règle
« de toutes vos actions » et soutenir mieux et plus tôt
« le droit de toute collectivité sociale de repousser les
« rebuts de toute autre collectivité sociale. »

On n'est pas plus *sincère* que vous, Monsieur, en
vérité, et je comprends l'étonnement que vous mani-
festez à la page 8 de votre « lettre » en vous écriant :
« Qui donc avait pu songer à me dédier une protesta-
« tion contre la loi des récidivistes ? » — En effet,
celui-là perdait son temps et sa peine.

Mais, poursuivons.

Vous imaginez, Monsieur, bien que vous soyez l'ennemi des « *simples suppositions sans preuves* » de dire,
de croire, ou plutôt de tenter de faire croire que je
suis l'auteur « de la correspondance expédiée le 10
« octobre dernier, et publiée trois mois après qu'elle
« était partie de Cayenne, c'est-à-dire le 17 janvier
« 1884. »

Vous vous trompez, Monsieur, en *supposant* de la
sorte et *à faux*. Mais vous supposiez *à faux* dans le

but : 1º de me lancer à la tête, avec une intention qui se devine, des phrases du poids de celles-ci : — « il me fallait venger mon amour-propre » — « il « m'avait fallu m'en prendre à quelqu'un et goûter « du mets des dieux ; » — et, 2º dans celui de vous féliciter vous-même en ces termes : « Vous ne vous « attendiez pas surtout — me dites-vous — à ce qu'il « vous serait répondu, et permettez-moi de le dire, « *quelque peu victorieusement, dès le* lendemain. »

Vous êtes un grand vainqueur, Monsieur, et vous faites admirablement la roue.

Mais le doute n'est malheureusement plus possible : l'auteur de l'article — où la Transportation et le Gouvernement de M. Chessé sont exaltés de pair — paru le 18 janvier 1884 dans *la Ville de Paris,* c'est le député de la Guyanc, M. Gustave Franconie lui-même.

Vous l'avouez, du reste, fastueusement, Monsieur, à la page 45 de votre « lettre. » Je vous cite :

« C'était bien moi l'auteur de l'article du 18 janvier 1884. »

Il n'y a pas de quoi le crier si haut, Monsieur ! Quant à moi, j'ai reçu à la fois les deux articles des 17 et 18 janvier 1884 — que vous avez eu, sans doute, l'obligeance de me faire adresser.

A la première lecture, j'attribuai la paternité de cet article du 17 janvier 1884 à un jeune et charmant esprit qui fait, à Cayenne, mouvoir une plume alerte et fine. Mais, ce n'était pas lui.

Peu de temps après la publication de « Pour la Guyane, » j'appris, en effet, *confidentiellement* au cours d'une conversation toute fortuite, de la bouche même d'un *camarade,* que ce dernier était l'auteur, ou plus exactement, l'inspirateur de l'article que vous m'attribuez à *faux.*

A la réception de votre « lettre » j'écrivis à ce camarade, et lui demandai s'il m'autorisait à citer son nom ici. Il vient de me répondre qu'il me prie de n'en rien faire et de lui garder le secret de la confidence que j'avais reçue. J'y consens, volontiers, au risque d'être « accusé » par vous de ne pas « *y aller de franc-jeu et cartes sur table.* »

Mais, sans m'écarter de la discrétion promise, je puis vous annoncer que l'auteur ou l'inspirateur de l'article de *la Ville de Paris*, en date du 17 janvier 1884, est.... un de vos électeurs !

Cette nouvelle va vous « inquiéter, » vous « troubler, » vous « faire frémir presque de terreur, » mais, après avoir cessé de « frémir, » vous y trouverez sans doute encore l'occasion de « vous faire un peu de réclame personnelle » et « d'exhaler votre bile » en une 2e Epitre en 55 pages : « Aux électeurs législatifs de 1885 en Guyane française. »

De sorte que, à part les remerciements que me garde votre courtoisie, votre coup de poing électoral frappe dans le vide, et je vous prends en flagrant délit « d'insinuations .... plus ou moins habiles, » et de « suppositions sans preuves. »

Sans rancune, Monsieur.

Vous avez écrit en l'air, et votre plume d'oie vous est retombée sur.... la conscience.

C'est fâcheux, et vous n'avez vraiment pas de chance dans vos *crises* épistolaires.

Ces mésaventures sont peu de chose encore. J'ai eu plus haut « le très-grand honneur de vous démontrer » — en vous faisant passer votre amendement patriotique sous les yeux — que vous saviez nier audacieusement, mais en vain.

Vous affirmez de nouveau, au cours de votre diatribe, avec une assurance qui manque de foi en elle-même et qui n'est qu'un prétexte pour dauber encore

une fois sur les « électeurs législatifs de 1885, en Guyane française, » vous affirmez que j'ai *insinué* que
vous vous étiez *rallié* et *converti* à la théorie de
MM. Waldeck-Rousseau *et cœteri*, mais que rien n'est
moins exact, et qu'il ne faut voir, dans cette *insi-
nuation* de ma part, qu'une de ces « habiletés » dont
je suis coutumier, paraît-il.

« Le véritable fond de ma pensée était, selon vous,
« sous une apparence de défense du bien public,
« d'essayer de vous ruiner, une fois pour toutes, si
« possible, dans l'esprit et dans *l'estime* de nos con-
« citoyens. »

Vous vous trompez encore, Monsieur, et je le prouve,
à vous-même par vous-même.

Jugez-en :

J'ai écrit, à propos de vous : « l'autre (article) dû,
« je le suppose, à la plume *courtoise* de notre *honorable*
« mais trop peu actif député, soutient une thèse in-
« verse, et, *sans approuver* le décret bonapartiste de
« 1852, *semble* nous conseiller de nous courber hum-
« blement sous le *fait* accompli. Je n'ai pas conçu
« l'ambitieux dessein de discuter la manière de voir
« et de juger du défenseur dityrambique de l'honorable
« Gouverneur de la Guyane française ; je prendrai seu-
« lement la liberté *d'extraire* de ce plaidoyer *pro* Chessé,
« le passage suivant de la dissertation pénale de notre
« *honnête* mais trop *resigné* Représentant. »

Ce passage de l'article que vous avez écrit et qui
exprime une pensée *complète*, est le suivant :

« La vérité, déclarez-vous — vous M. Gustave Fran-
« conie, créole de Cayenne — c'est que, posée dans
« ces termes, la question (celle de la transportation à
« la Guyane) est mal posée. Mettons-nous dans la
« *réalité* des *choses*, nous la poserons mieux.

« D'abord, quel est le *fait* ?

« C'est que, à un moment donné, à tort ou à raison,
« la France a imposé ses criminels à la Guyane.

« En avait-elle le droit ?

« La question, *suivant nous,* n'est même pas à *exa-*
« *miner.*

« La Guyane pouvait-elle l'empêcher? *En aucune*
« *façon, et il eut plu à la Métropole* de n'attacher aucune
« pensée de bienfait à cette lourde *charge* que la *colonie*
« n'en eut pas moins *dû* la *subir......* »

J'ai dit et je maintiens, Monsieur, que c'est là « une
« étrange théorie de droit *public* et une singulière
« *complaisance* législative. »

Comment ne l'avez-vous point senti vous-même
au moment où vous écriviez les lignes qui sont bien
de vous — qu'elles se chiffrent par 12 ou par 13 ?
— et qui sont fort nettes, d'ailleurs ?

J'ajoutais :

« L'honorable député de la Guyane ne pouvant être
« Bonapartiste, puisqu'il est républicain *ne saurait être*
« soupçonné de *pactiser* avec les bourreaux officiels
« de son pays.

« Cependant, *et ceci étant acquis,* on est *porté* à croire
« que l'honorable écrivain de *la Ville de Paris* s'est
« *rallié* de bonne foi — pour notre malheur prochain
« — à la théorie ancienne, nouvellement rééditée par
« MM. Waldeck-Rousseau *et cœteri* à propos de l'envoi,
« dans *les* colonies, des récidivistes métropolitains. »

Or, que dit votre amendement, déjà cité, et que je
reproduis encore ici, pour plus de clarté, *in extenso.*

AMENDEMENT présenté par M. Franconie, député de
la Guyane, à l'article 14 du projet de loi des récidivistes, et ainsi conçu :

« *La rélégation devra être effectuée dans* TOUTES *les*
« *colonies actuellement représentées à la Chambre des*

« députés, plus la Nouvellle-Calédonie, proportionnelle-
« ment au chiffre de la population de chacune d'elles. »

Vous ai-je « diffamé? » ai-je avancé un fait contraire
à la plus stricte vérité, en écrivant que vous vous étiez
rallié, *de bonne foi*, à la théorie de MM. Waldeck-Rousseau *et cœteri* ?

Pouvez-vous le *nier*, maintenant?

Je vous disais encore :

« L'honorable député de la Guyane a fait parmi nous
« un court et récent séjour.

« Il parait qu'il s'en est retourné profondément
« attristé et étonné du spectacle que cette colonie a
« offert à *son* représentant; et, sur les conseils de ses
« amis particuliers, il a dû accepter le *problème* de
« l'Immigration, comme le seul palliatif possible au
« mal qui nous tue. »

Aviez-vous réfléchi, Monsieur, à ceci ; en *acceptant*
l'envoi des récidivistes à la Guyane, vous consentiez
par là même, à la concurrence que ces « immi-
grants » ne manqueraient pas de faire — on le pen-
sait du moins — aux ouvriers créoles ? N'est-ce donc
pas assez de voir des *forçats* condamnés à des travaux
forcés enlever abusivement aux *libres* travailleurs le
pain honnête d'un labeur honorable ? — Avez-vous
renié vos catéchismes socialistes antérieurement pu-
bliés, et que j'ai lus, Monsieur, ainsi que nos compatriotes ?

En dernier lieu, et toujours à propos de vous,
Monsieur, j'écrivais: « Monsieur Gustave Franconie
« est le représentant *de la Guyane* et non pas celui
« *d'un groupe d'électeurs seulement;* il a, comme homme
« privé, une honnêteté immaculée. »

Je respectais ainsi, en vous, Monsieur, l'élu du Suf-
frage Universel, et celui « de la majorité des citoyens
« réunis dans leurs comices, parce que le principe

« *constitutionnel républicain* le veut ainsi, parce que
« la *discipline républicaine* l'ordonne, parce que *l'in-*
« *térêt général* le conseille. »

Et, cependant, vous n'êtes et ne serez pas le candi-
dat de mon choix, par des motifs que je n'indiquerai
pas, afin de ne pas cesser d'être courtois.

De plus, en vous reconnaissant « comme homme
privé, une *honnêteté immaculée,* » je ne cherchais
nullement, je pense, à vous perdre dans *l'estime* de
nos concitoyens. Vous avez oublié ces *détails.* Mais,
peu importe! Je ne m'y arrête pas davantage, et, je
vous le demande, à mon tour, Monsieur :

Quels développements avez-vous donnés à la formule
très-claire de votre amendement?

Après avoir exposé que vous considériez les récidivistes métropolitains comme un élément colonisateur
négatif; voire même comme « un élément criminel et
« dangereux qui serait le pire des fléaux, si... cet
« envahissement ne devait se produire que dans deux
« ou trois colonies. » (1)

Après avoir essayé de rejeter sur M. le Rapporteur
seul l'odieux de cette loi implacable, — vous vous
contredites vous-même, en reconnaissant que la déclaration de l'honorable M. Gerville-Réache « *était*
une très-belle déclaration, » et, ajoutiez-vous « *il n'est*
« *personne d'entre nous, députés coloniaux, qui ne l'eût*
« *faite et qui ne soit prêt encore à la faire.* Mais pour-
« quoi faut-il qu'après cette déclaration ce soit encore
« à la Nouvelle-Calédonie, aux Marquises, à l'île Phu-
« Quoc, à la Guyane seules que doive être réservé le

---

(1) Autrement dit, les *caractères* de cet élément disparaissent
si .... toutes les colonies reçoivent un lot de récidivistes.

Votre argument, Monsieur, est, sans doute, très-concluant, mais
sa valeur m'échappe, je l'avoue. (C.)

« monopole des sacrifices, du dévouement, de la sou-
« mission que, *dans les circonstances comme celle-ci,*
« *nous reconnaissons si bien tous devoir à la Mère-Patrie.*
« Pourquoi faut-il que ce ne soient pas *toutes* les colonies
« qui soient appelées à la fois à témoigner de ce dévoue-
« ment, de cette soumission, et pour tout dire, *de ce*
« *véritable patriotisme.* Ne semble-t-il pas plus équi-
« table, dans les conditions où la question se pose, que
« *toutes* les colonies *participent* à cet *acte de patrio-*
« *tisme.*

« *Pour mon compte,* je le crois *absolument,* et telle
« aurait *dû* être, à mon avis, la conséquence de la *dé-*
« *claration* de notre honorable collègue Gerville-
« Réache. »

Décidément, vous êtes-vous *rallié,* Monsieur, ou
ne vous êtes-vous pas *rallié,* à la théorie de MM. Waldeck-Rousseau ?

Je m'attends à ce que vous nous fassiez prochaine-
ment un cours sur les diverses manières de se *rallier,*
connues et inconnues. Vous avez déjà signalé à l'attention des casuistes de l'avenir les différents modes de
protester ou de ne pas *protester* tout en protestant. Vous
m'avez informé, en particulier, que vous protestiez
« à votre façon. » Bientôt vous m'apprendrez que
vous ne vous *ralliez pas*.... « à votre façon. » Vous
avez, Monsieur, des « façons, » sans contredit, neuves
et originales. Elles ne sont pas assez répandues, — et
je vous en fais mon compliment. Du reste, nos concitoyens apprécieront.

« Si donc, poursuivez-vous en vous adressant aux
bancs pour la plupart vides de députés et dans le
bruit confus mais significatif des conversations parti-
culières de vos collègues inattentifs, — « si donc les
« colonies françaises veulent bien *sincèrement* témoi-
« gner de leur dévouement à la mère-patrie, en même
« temps que de l'intérêt qu'elles ne peuvent pas ne

« pas porter aux autres colonies, leurs sœurs, elles
« devront, je crois, supporter *toutes* avec RÉSIGNATION,
« une sorte de répartition du danger qu'elles sont
« *tenues d'accepter*, et recevoir *chacune* sa part de ce
« *danger* proportionnellement au chiffre des popula-
« tions de chacune. »

Je vous le disais bien, Monsieur, que vous étiez
« honnête mais trop *résigné*. » Je vous avais donc
lu, pour le savoir ?

« Telles sont — concluez-vous — les considérations
« *sommaires* que le.... RÈGLEMENT *m'autorise* à vous
« présenter en faveur de la prise en considération de
« mon amendement. »

Comment aviez-vous été assez *peu* actif jusque-là,
Monsieur, pour vous laisser acculer dans l'impasse du
règlement ?

Que ne *parliez*-vous, avant ce moment, à la Tribune,
en faveur de cette colonie qui n'a que vous, en France,
pour la représenter ?

Entre nous, ce *règlement* vous tirait une fameuse
« épine du pied. »

« *Mon devoir*, dites-vous en finissant de réciter votre
« discours, est de *négliger* en ce moment un certain
« nombre de considérations, etc... » — Croyez-vous ?

Puis, l'honorable Rapporteur pria la Chambre de
vous fermer brusquement sur le nez la porte de l'a-
mendement.

Ce qui fut fait immédiatement, avec un sans-façon
sur la cause et la nature duquel vous devez être fixé
depuis longtemps, Monsieur. — Nous, aussi, du reste.

Et, ... et c'est tout.

Nos concitoyens voudront bien, s'ils consentent à
lire ces lignes, suppléer les réflexions que je m'abs-
tiens de faire ici, afin d'abréger d'autant cette réponse,
un peu longue déjà.

III.

Enfin, Monsieur, je termine en m'arrêtant sur la partie la plus sérieuse, la plus palpitante, la plus brûlante, la plus poignante pour vous, — sur la pensée dont vous êtes obsédé et qui domine toute votre « lettre » Elle en justifie la *quantité* sinon la *qualité*.

Je veux parler de votre post-scriptum de la « dernière heure »

« Les lignes qui précèdent — m'annoncez-vous en
« en toute hâte — étaient écrites et déjà imprimées,
« Monsieur, lorsque le dernier courrier, arrivé de la
« Guyane le 12 courant (juin 1884), m'a apporté la nou-
« velle *que déjà vous prépariez votre candidature aux pro-*
« *chaines élections législatives, et que déjà vous organisiez*
« *des réunions publiques dans le but de* commenter
« votre brochure »…. etc….

Néanmoins, … votre police est mal faite, Monsieur, ou elle se moque de votre honorable correspondant, et, par conséquent, de vous-même.

La preuve, la voici :

Je suis autorisé par notre T∴ C∴ Vén∴ M∴ (1) à dire au F∴ Gustave Franconie, ceci :

Au mois d'avril, un jour de samedi, un de nos honorables F. F∴ en m'accablant de roses auxquelles il avait, par mégarde, laissé les épines — et ce, à propos de la brochure « pour la Guyane » — me demanda de développer les opinions émises en cet opuscule, dans une réunion prochaine, qu'il me priait de fixer, afin, disait-il, que ceux qui ne pensaient pas comme l'auteur de cet écrit, pussent en combattre les conclusions.

Je répondis à cet honorable F∴ que j'étais prêt dès

---

(1) Cette « algèbre » trouvera-t-elle grâce devant votre critique ? (C.)

le lendemain dimanche, à accepter sa proposition. Il fut convenu que la réunion aurait lieu, non pas le lendemain matin, mais à une époque ultérieure, — à fixer, où le F∴ X... serait de retour d'une excursion qu'il devait faire dans la Guyane.

J'acceptai.

Depuis, le F∴ X... de retour au chef-lieu, n'a pas renouvelé sa proposition, et je n'ai pas cru devoir insister. Donc, Monsieur, il est.... inexact de *dire* ce que vous avancez en toute hâte et en tremblant d'irritation et d'inquiétude.

L'angoisse spéciale qui vous étreint — et qui laisse échapper votre secret déplaisir — conseille mal, je le vois. Cela est si vrai que vous prenez soin de poser vous-même, par anticipation et sans mon aveu, cette candidature dont la seule éventualité vous fait produire 55 pages d'un coup.

A moins que vous ne « *moduliez* le faux pour savoir le vrai » comme dit un adage populaire ?

Vous auriez, je crois, peur de votre ombre, — si quelque gai compagnon vous écrivait que cette ombre va poser sa candidature aux prochaines élections législatives.

Voyons, Monsieur, soyez homme : ne vous émotionnez pas de la sorte.

Quoi qu'il en soit, et bien que j'eusse le droit de ne pas même répondre, à votre.... « 15 juin, dernière heure, » puisque vous paraissez y tenir, je vais m'expliquer nettement avec vous, Monsieur, sur ce sujet, — source de vos plus chères préoccupations.

Il existe, d'après vous, plusieurs « façons » de se « rallier » ou de « protester. » Permettez-moi d'admettre, par analogie, qu'il puisse exister plusieurs manières de « poser sa candidature. » Cette fiction étant acceptée, j'userai de cette « concision de style » que vous croyez devoir m'accorder, afin de venger la prolixité du vôtre, et je vous dirai :

La première manière, c'est.... c'est la vôtre, Monsieur. La seconde, est celle qui se trouve à la portée du premier ambitieux venu.

La troisième *serait*, à mon humble avis, celle-ci : Une ville, une colonie, si vous voulez, *cherche* un Représentant à la Chambre ; les habitants de cette ville ou de cette colonie, après réflexion et d'un accord commun, jettent leur dévolu sur tel ou tel d'entre eux. Ils lui proposent cette grande et belle mais lourde mission de les représenter tous, — je dis tous, sans distinction, sans exclusion, sans préférence, sans *parti* surtout.

Je suppose un instant que ce citoyen accepte cette offre dans les conditions ci-dessus précisées. Le jour du vote arrive : son nom sort de l'urne sans *effort* d'aucune sorte.

Le *devoir* de ce citoyen est de se rendre au poste périlleux où la volonté de ses compatriotes l'appelle.

C'est une obligation pour lui impérieuse : ses scrupules, ses goûts, ses objections personnels doivent céder.

Je suppose, le contraire : le nom d'un autre est proclamé. — Ce citoyen de qui je parlais d'abord n'a ni amertume, ni regret dans le cœur; personne n'est son ennemi, ou, du moins, il n'est l'ennemi de personne. Aussi devra-t-il, toujours à mon humble avis, s'efforcer de soutenir celui que le plus grand nombre de suffrages a honoré et désigné.

Quant à moi, je n'admets pas qu'il en puisse être *jamais* autrement.

Voilà, Monsieur, tout ce que j'avais, ou à peu près, à répondre au « fatras » — pour employer une de vos plus douces expressions — que vous m'avez expédié sous bande, par le paquebot qui vient d'emporter votre intime ami, M. Chessé, l'ennemi — aujourd'hui irréconciliable et bilieux de la Guyane. Je crois devoir vous faire savoir en outre que, désormais, je ne répondrai plus à vos longues et intéressantes lettres qu'à Cayenne, et en votre *présence*.

En somme, vous faisiez un rêve mauvais pour vous, Monsieur. Vous avez été réveillé en sursaut ; vous avez eu peur, et, comme tous ceux qui ont peur, en pareil cas, pour vous donner du courage, vous avez...... sifflé dans l'obscurité !

CHATELLIER.

Cayenne, le 18 juillet 1884.